Inhalt:

Der seit dem Verlust seiner Frau erfolglos geworde-
ne Schauspieler plant sein Comeback. Er beauftragt
dafür Autoren, die nicht nur Gutes planen. Vergan-
genheit, Zwänge, Verbindungen und Familie werden auf den Kopf gestellt.

Abgebildete Schauspieler:

Vorderseite - Luca Maurizio Wefes

Rückseite - Luca Maurizio Wefes

Cillian Mirau

FÜRCHTE DEN GESCHMACK VON ROSEN

Tragische Komödie

Bibliografische Information der Deutschen Nationalbibliothek: Die Deutsche Nationalbibliothek verzeichnet diese Publikation in der Deutschen Nationalbibliografie; detaillierte bibliografische Daten sind im Internet über http://dnb.d-nb.de abrufbar.

© 2021 Cillian Mirau

Herstellung und Verlag:
BoD – Books on Demand, Norderstedt

ISBN 978-3-7543-0601-7

FÜRCHTE DEN GESCHMACK VON ROSEN

Tragische Komödie

von Cillian Mirau (Pseudonym)

Fortsetzung der Reihe

Tragische Komödie und modernes Theaterstück in sechszehn Szenen mit absurden Elementen und Musikeinsatz.

Dauer: ca. 80 Minuten

Berlin 2021

Rechte zur Aufführung, zur Veröffentlichung, Verbreitung auch in Auszügen und zu den Bildern liegen bei

shortvivant consulting GmbH

Nach Ableben des Autors oder nach Auflösung des Unternehmens ist die Tantieme an tiergebenden Tierschutzorganisationen eigenverantwortlich und angemessen zu leisten.

Ich will mir noch etwas von der Seele reden.

Rollen (in der Reihe des Auftritts):

EDWARD

FRIDTJOF

TIAGO (auch Beleuchtung und Ton)

RURIK

LARS

Intro

Rückblickend: Rasches, geschäftiges Hin-und-her-Eilen in einem Film-Studio.

(Musikeinsatz: ständig wiederholender Jingle)

Der Star wird erwartet.

Szene 1

(Licht an)

(Eine offene Tasche steht auf einem Tisch, einige Kleider ragen noch heraus und liegen herum. Darin verborgen ein Stapel zusammengebundener Briefe. Daneben eine verdeckte alte Schreibmaschine.)

(Edward tritt auf)

(Er läuft auf und ab, zählt mit den Fingern; streicht sich durch seine Haare und wiederholt das auch in den folgenden Szenen; achtet auf Struktur und Ordnung.)

(Licht aus)

(Musikeinsatz)

(Licht an)

(Edward zieht sich um; tauscht saloppe in elegante Kleidung; verstaut die gesamte Kleidung in der Tasche und wirft dann eine Münze)

Edward: Kopf

(wirft die Münze erneut)

Kopf

(dies wiederholt er mehrmals. wirft immer dieselbe Seite und ist verwundert)

(Musikeinsatz endet)

Ich will mir noch etwas von der Seele reden. Was ist…(bringt kein weiteres Wort heraus)…das…

(gestikuliert immer stärker, übertrieben) ...Merkwürdigste, Gewaltigste, Stattlichste, Eindrucksvollste (dreht das Sakko nach links und zieht es wieder an), Größte, Niedlichste, Ausgedehnteste, Reichlichste, Intimste, Verborgenste und so weiter, und so weiter, das ihr erleben könnt?

(Pause)

Spielzeugpudding, vegane Nudeln für Kinder, weiche Stoffbären, gemütliche Hasenpuschen zum Reinschlüpfen, kaum verschluckbares Gummiobst und aromatisierte, nicht zu stark klebende Knetmasse, hinter süßen Bonbons versteckte Abziehbilder zum Anlecken, Holzpferdchen, die im Takt wippen, Puppen, die nicht für mich gemacht sind, mit Puffreis gefüllte Pappschachteln im Kaufmannsladen, Luftmatratzen, die sich zum Toben stapeln, ein bunter Ball, auf dem es sich tanzen lässt.

Das alles habe ich vermisst.

(unerwartet) Ich möchte gerne alles freundlicher haben. Was ist falsch daran, eine Familie haben zu wollen? Ich muss gut sein. Immer wieder gut sein.

Sich alles ausdenken und in Farben gestalten, so wunderbar, wie es nur ein schöner Kopf zustande bringt.

(tippt auf der Schreibmaschine herum)

Abgestorbenes Holz, das sich aufbaut und zurückwirft. Gesenkte Gestalten, denen der Mut zum Aufbäumen fehlt. Blaue Rosen, die nur noch oben ranken und nie ein Tropfen Wasser gesehen. Ein betörender Duft, der Leiden schafft.

(stellt rasch die Schreibmaschine in die Tasche und holt zusammengebundene Briefe hervor)

Schnell wieder Lobhudeleien, Liebesbriefe und schätzende Zeilen in mannigfaltiger Kopie. Kostüme, ansprechendes Hosenbein und darstellender Frack.

Alles wirkt. Alles schön. Alles aufgereiht. Dicht nebeneinander. In Struktur und Reih und Glied.

(streicht sich durch die Haare und zählt mit den Fingern)

(hält inne)

Soll ich das verlassen? Bevor ich am Ziel angelangt?

Habe Texte verfasst, habe Phrasen gewählt, Betonungen und Gefühle entfacht und enttäuscht. Alles, wie er es wollte.

(Pause)

Was schaut ihr mich so an? Ein Riss geht durch meine Seele. Kann man das sehen? Brauch ich einen Bart, damit ich euch trotz jugendlicher Sorglosigkeit wahrhaftig erscheine? Ist Vertrauen hier möglich? Innige Verbundenheit angezeigt? Bei allem, was passiert ist?

(wirft die Briefe zurück in die Tasche)

Ok, gemächlich, Schritt für Schritt. Ein Fuß vor dem anderen. Nicht zu schnell. Ich habe es ja unlängst verstanden. Der Weg ist beschwerlich, matschig, sumpfig, Löcher zum Hineinfallen so tief und doch führt ein kleiner, paralleler Pfad auf Holzplanken mittendurch. Nicht gleich für jedermann ersichtlich...Wie für mich gemacht. Bin ich doch Artist, Poet, Tausendsassa... und ein Kind, das ich nie sein durfte.

(Lichtwechsel)

(Fridtjof tritt auf; bleibt kurz stehen und zitiert Tiago heran)

(Tiago tritt auf und hilft Fridtjof)

(Fridtjof sitzt auf einem großen Ball, festgehalten von Tiago, der ihm ein schwarzes Telefon reicht; in der Nähe ein hoher Stapel Papier; Wände mit Mustern, wie eine Kulisse in einem großen Studio mit diversen sichtbaren Scheinwerfern)

(Edward wartet ungeduldig ab)

Edward: Also vor genau einem Jahr oder so in etwa erhielt ich einen Anruf...Längst ersehnt.

Fridtjof: Vier, drei, zwei, eins...so...hallo?...hallo?

(Edward nimmt den Anruf mit seinem Handy entgegen)

Ist da eins, zwei, drei, vier Ocean Boulevard?

Edward: Aber ja.

Fridtjof: Spreche ich mit Edward?

Edward: Am Apparat. Meine, bin schon ganz gespannt. Ich bin…

Fridtjof: Das weiß ich längst, mein Hosenscheißer…Hier spricht…

Edward: Die Stimme ist mir bekannt.

Fridtjof: Wer kennt die nicht? Kennst Du meine Verbindung? Die Adresse?

Edward: Schon unterwegs und in 10 Minuten da.

Fridtjof: Der Weg ist beschwerlich. Pass auf, min Deern.

Edward: Ich bin ein Mann.

Fridtjof: Schnieke süchst ut (was siehste hübsch aus). Runter mit dem Fummel.

(Edward legt auf, packt die Tasche zusammen und trägt den Tisch fort)

Hallo? hallo? Bist Du noch da?

(legt auf)

(gibt Tiago Hinweis, sich um das Licht zu kümmern, hält sich nun selbst auf dem Ball)

(Tiago geht ab)

(Licht aus)

(Musikeinsatz)

Szene 2

(Licht an)

(Musikeinsatz endet)

Fridtjof: Das nenne ich prompt.

Edward: Sie erinnern mich an…Bist Du nicht…?

Fridtjof: Ja, ja. Ich bin das und werde das oft gefragt. Einmal Schauspieler haute artiste. Immer Schauspieler.

(zu Tiago) Setz mich mal in Szene.

(Tiago tritt auf und hält wieder den Ball; lässt Kaugummiblase platzen und versucht auf Zeichen von Fridtjof, einen Schweinwerfer auszurichten, ohne den Ball loszulassen)

Und was willst Du von mir?

Edward: Du hast mich doch angerufen. Rurik hat mir gesagt, Du suchst einen Autor. Und hier bin ich. Frisch, unverbraucht, auf der Suche nach einem gutbezahlten Job und…

Fridtjof: Warum zum Teufel willst Du Autor sein, mein Hosenscheißer? Erzähl von Dir. Was hast Du schon geschrieben?

Edward: Dies und das. Liebesbriefe, Essays, Gedichte und Kurzgeschichten.

Fridtjof: Oh, Kurzgeschichten. Dann sag doch mal welche.

Edward: Die Geschichte vom grauen Schwan.

Fridtjof: (lacht übertrieben, überheblich nach innen) Vom Schwan, der das Entlein frisst? Was denn noch, min Deern?

(Edward zählt mit Fingern und streift sich durch seine Haare)

Edward: Der Verlassene. Die Einsamkeit. Der Rosengarten.

Fridtjof: Keine Rosen! Und dann noch ein ganzer Garten davon…ekelhaft. Lässt sich damit Geld verdienen? So sieht doch kein Autor aus. Die leben im Verborgenen, sind hässlich, ungeliebt mit aschfahler Haut.

Edward: Ich mache das nebenbei.

Fridtjof: So, so, nebenbei, mein Hosenscheißer. Was willst Du denn lieber machen?

Edward: Will auf der Bühne stehen.

Fridtjof: Oh, mein Gott. Noch so einer. Der letzte hat das auch erzählt.

(zu Tiago) Spiel mal was.

(Tiago setzt zur Präsentation an; lässt dabei Kaugummiblase platzen)

Edward: Das dauert, bis man damit richtig Geld verdient. Ich kann das. Die Lehrer halten mich für dumm. Meine Eltern kenne ich nicht. Die würden das sicher nicht so sehen. In der Schule haben sie gesagt, dass ich gut aussehe und damit lässt sich schon etwas machen und geh doch raus in die Stadt und weg von hier.

Also, was ist? Kann ich es versuchen?

Fridtjof: Du solltest lieber Deinen Schwanz den alleingelassenen Diven der Nachbarschaft zur Verfügung stellen, das bringt Dir mehr ein. Nicht, Tiago?

(Tiago nickt)

Edward: Das ist das einzige Haus...in einem Studio...

Fridtjof: Ach was. Siehst Du den Stapel?

Edward: Ja.

Fridtjof: Da ist auch das Zeug von diesem Rurik drin.

Edward: Das hat er alles geschrieben?

Fridtjof: Auch er, min Deern.

Edward: Ich bin ein Mann. Kannst Du das lassen?

Fridtjof: Ich kriege das nicht mehr raus, mein Hosenscheißer. Habe meine Frau immer so genannt.

Edward: Hosenscheißer?

Fridtjof: Nein, min Deern.

Edward: (verdreht die Augen) Soll ich mich lieber bei ihr vorstellen? Ist sie auch Schauspielerin? Vielleicht kann sie mir Stunden geben.

Fridtjof: Sie ist nicht mehr da.

(zeigt auf den Stapel Papier) Dieser Teil ist von Rurik. Der darüber von Tiago und der darunter von…was weiß ich.

Edward: Deine Memoiren? Soll ich Ghostwriter sein?

Fridtjof: Bin ich tot, min Deern?

Edward: Was ist es dann?

Fridtjof: Mein Comeback. Aber bisher war nichts Brauchbares dabei. Schreckliches Gestammel. Und ich vermute, ich lege Deins in ein paar Tagen oben rauf oder besser unten runter.

Edward: Kann das besser als die anderen und brauche das Geld.

Fridtjof: Ich bezahle nur für Erfolg. Schreib ein Stück mit mir in der Hauptrolle.

Edward: Das mache ich und so, als wäre ich mittendrin. Was soll denn darin vorkommen?

Fridtjof: Bin ich der Autor oder Du, min Deern?

Edward: Habe ich den Job? Ich freue mich so. Du wirst es nicht bereuen…

Fridtjof: Am besten Sex, Blondinen, ein Liebhaber, Drogen und ein Star. So mog wi dat.

Edward: Und wie bist Du da hoch gekommen?

Fridtjof: Ich komm hoch, wenn die Zuschauer erscheinen und ich soll ein Kostüm anziehen…hui, bin ich wieder oben. Schaffst Du es hier hoch?

(Pause)

Edward: Ich komm schon hoch, wenn die Zuschauer erscheinen und ich soll ein Kostüm anziehen…hui, bin ich oben.

Muss mich kurz mal davonstehlen.

Fridtjof: (lacht wieder nach innen) Das ging ja schnell. Hilf mir herunter.

(Tiago unterstützt Fridtjof beim Herabsteigen; dieser schickt ihn mit einer Handbewegung fort)

Der hat Luft verloren. Ist aus Portugal. Der Ton, die Scheinwerfer.

(Tiago richtet die Scheinwerfer aus)

Edward: Eu voltarei em breve (Bin gleich zurück). Kurz nochmal abstimmen, meine einstimmen.

(Tiago geht ab)

Tiago: Wieso spricht der auch portugiesisch?

Fridtjof: Gutes Stichwort. Stimmen sollte es, mein Hosenscheißer.

Edward: Ich bin kein Kind mehr.

(Licht aus)

(Fridtjof geht ab)

(Edward entfernt den Ball)

(Musikeinsatz)

Szene 3

(Licht an)

(Baum mit blauen Rosen nur auf den Ästen einer Seite)

(Musikeinsatz endet)

(Rurik tritt auf mit Zählgerät und Paket; auf einer Seite ragen Strähnen aus einem Hut heraus)

Edward: Was hast Du mir da vermittelt? Du weißt schon, dass ich ihn kenne…

Rurik: Den kennt hier jeder. Der ist ein Star…

Edward: Dann kann er mich ordentlich bezahlen.

Rurik: …War jedenfalls mal einer am Broadway. Bring ihm Lobhudeleien, Liebesbriefe und schätzende Zeilen in mannigfaltiger Kopie. Und er wird Dich ins Herz schließen.

(steckt ihm Briefbündel in die Taschen)

Edward: Wer hat das geschrieben?

Rurik: Na, ich. Und er hat mich gleich eingeladen.

Edward: Das Haus ist schön…

Rurik: …hat es um einen grünen Zögling gebaut. Mit bürgerlichem Namen Fridtjof Hasko Garbrand Kiekebusch. Ein Ostfriese in Queens. Jetzt steht da nur noch ein Zimmer. Der Baum ist halbtot. Das Studio längst verlassen. Da kommt keiner mehr hin.

Edward: (zeigt auf die wenigen Zuschauer) Er ist erfolgreich. Viele Zuschauer.

Rurik: Ja, früher vielleicht. Gern gebucht. Mit den Producern ganz eng. Gedealt und gekokst. Hat seine Frau in Erfolgszeiten mit etlichen Blondinen (betätigt das Zählgerät) auf Tournee in Europa betrogen.

Edward: Woher weißt Du das alles?

Rurik: Hat er mir erzählt. Hat mich wütend gemacht. Sie geschwängert. (nimmt ihn in den Arm) Und es gibt wohl einen Sohn, der nicht zu Hause aufgewachsen ist. Also, quasi verstoßen wurde, weil sich keiner um ihn kümmerte.

Edward: (zeigt auf das Zahlgerät) Was hast Du da?

Rurik: Was? Ach das. Später vielleicht.

Edward: Wieso verstoßen? Zeigte denn auch die Mutter kein Interesse an dem Sohn?

Rurik: Was weiß denn ich? Seine Frau, schreibt die Presse, war plötzlich verschwunden.

Edward: Verschwunden?

Rurik: Das finde ich genauso unglaublich wie Du, min Deern.

Edward: Was? Das hat der auch gerade…

Rurik: Wenn Du die Mutter wärst, würdest Du Deinen Sohn im Stich lassen?

Edward: Das ist aber jetzt kompliziert.

Rurik: Du hast Recht. Ich frage mal ganz einfach. Damit es auch jeder versteht. Ist es nicht wahrscheinlicher, dass sie gar keine Möglichkeit hatte, Dich, also ich meine den Sohn, zu versorgen?

Edward: Warum sollte sie das denn nicht können? Und was ist mit dem Vater?

(Rurik steckt Edward ein Paket zwischen die Beine)

Rurik: Weil Dein überforderter Vater, also der Mann der Frau, Deiner Mutter, also der Mutter, es verhindert hat. Verliere das nicht.

Edward: (versucht mit dem Paket zwischen seinen Beinen umzugehen) Du meinst, ganz bewusst? Und mit hässlicher Tat?

Rurik: Ja, vielleicht. So richtig geplant.

Edward: (nimmt das Paket auf) Was ist darin?

Rurik: Lass es verschlossen.

Edward: Dann wäre der Vater des Sohnes ein Mörder?

Rurik: Das kam mir so nicht in den Sinn. Aber das wäre doch möglich, oder?

(Licht aus)

(Licht an)

Rurik: Wäre das nicht sogar ganz furchtbar?

Edward: Ja, das wäre ganz schrecklich.

(Licht aus)

(Licht an)

Rurik: Was würdest Du denn machen, wenn es Dein Vater wäre, der Deine Mutter auf dem Gewissen hat? Nur angenommen, ganz theoretisch.

(Licht aus)

(Licht an)

Edward: Du machst mir Angst.

Rurik: Von Ängsten kann ich Dir noch viel erzählen.

(Licht aus)

(Licht an)

Rurik: Nun sag schon.

Edward: Ich würde ihn…

Rurik: Ja? Nur zu.

Edward: Umbringen.

(Licht aus)

(Licht an)

Rurik: Oh. Ein beendendes Wort. Nur wie?

Edward: Da hätte ich keinen Plan.

Rurik: Weil? Du vernebelt bist!

Edward: Gibt es denn einen?

Rurik: Lass mich kurz nachdenken. Ja. Rosen.

Edward: Mit Rosen töten?

(Licht aus)

(Musikeinsatz)

(Rurik geht ab)

Szene 4

(Lars tritt auf)

(Licht an)

(Edward betrachtet das Paket)

(Musikeinsatz endet)

Lars: (schlägt ihm auf das Gesäß) Ich kann Dir einen Job vermitteln.

Edward: (verliert fast das Paket) Ich habe schon einen und muss jetzt zurück.

Lars: (zieht ihn nah an sich heran) Nicht so eilig. Komm mal her. Lass die blonden Puppen tanzen. Du bist Schauspieler, oder?

Edward: (platziert das Paket zwischen seinen Beinen) Im Moment bin ich Autor.

Lars: (führt Hand vom Mund weg, als ob etwas aufgesagt wird) Das glaube ich Dir nicht. Die leben im Verborgenen sind hässlich, ungeliebt mit aschfahler Haut. Du hast da was zwischen den Beinen (will nach dem Paket greifen).

Edward: (nimmt das Paket auf) Ich muss jetzt wirklich gehen.

Lars: Warte doch mal. Die suchen im Cathedral-Theater für die Hauptrolle des Jack einen Schauspieler.

(übergibt eine Brille)

Edward: (setzt diese kurz auf) Was? Für die Hauptrolle in „Fürchte den Geschmack von Rosen"?

Lars: Du kennst das Stück?

Edward: Ja. Ich habe es etliche Male gesehen. Es war einer der Gründe, Schauspieler zu werden.

Lars: (berührt ihn weiter) Na, das ist ja mal ein Zufall. Hast Du denn Erfahrungen?

Edward: (rückt seine Haare in Ordnung, zählt mit seinen Fingern) Nicht viele. Gerne würde ich dafür vorsprechen. Kannst Du mir den Kontakt vermitteln?

Lars: Ich weiß nicht. Bist ja Autor und die suchen schon etwas Attraktives.

Edward: (springt fort) Bin ich Dir nicht schön genug?

(steckt das Paket wieder zwischen seine Beine)

Lars: (wehrt ab) Das kann ich nicht entscheiden. Bin nur der Vermittler. Du hast da was zwischen den…

Edward: Oh Mann. Jetzt bin ich im Dilemma. Ich muss zurück, will aber auch noch bleiben.

Lars: Ja, bleib bei mir.

Edward: Ich habe im Theater das erste Mal gelacht, habe geweint und mir vorgestellt, wie es ist, von der Bühne ins Dunkel zu schauen und dabei gleichzeitig beobachtet zu werden. Das hilft mir vor dem Alleinsein. Ich glaube, ich mag das….Und jetzt kann ich Jack sein, hörst Du, Jack. Das wäre doch großartig.

(wieder Lars ganz nah): Wann ist das Vorsprechen?

Lars: Morgen früh.

Edward: (entfernt sich wieder) Was, schon? Ich habe doch gerade erst dort zugesagt, wie soll ich das schaffen?

(setzt die Brille auf, als Jack) Du Schuft. Du planst übles mit mir! Wie soll ich Dir vertrauen? Willst mich wohl hinters Licht führen? Ich setze dem jetzt grausam ein Ende! Was hast Du mit meiner Mutter gemacht?...

(setzt Brille ab) Na, wie findest Du das?

Lars: Was war das?

Edward: Na, der Jack in „Fürchte den Geschmack von Rosen". Hast Du das nicht erkannt?

Lars: Doch doch. Du müsstest noch eine Kleinigkeit für mich machen…(druckst sehr lange herum) Eine Gefälligkeit.

Edward: Ich mache alles für Dich. Weißt Du was? Ich kriege das schon hin mit dem Vorsprechen. Lasse mir etwas einfallen. Bin übrigens Edward. Aus England, schnell angereist und gehöre hierher. Wie unhöflich, habe mich gar nicht vorgestellt. Bin dann morgen da. Am Bühneneingang? Wann genau?

Lars: Um…10. Und zieh Dir was anderes an. Runter mit dem Fummel.

Edward: (setzt die Brille wieder auf) Das Lachen wird Dir noch vergehen. Und wenn Du mich betrügst, haue ich Dir eine rein. Zerschmettere Deine Visage.

(Lars verwundert)

Edward: (setzt Brille ab) Das war wieder der Jack. Ich kann das gut, oder?

(Licht aus)

(Musikeinsatz)

(Lars geht ab)

(Edward geht ab und zieht sich um)

Szene 5

(Licht an)

(Musikeinsatz endet)

(Tiago tritt auf und zerdrückt bereits im Off die Luftpolster einer Folie)

(Rurik tritt auf)

Tiago: (betont) Hast Du Lust auf Plastikfolie ploppen? Luftpolster, Knallfolie, Knackplaste, bubble wraps?

Rurik: Was?

Tiago: Warum muss man immer und immer wieder und manchmal ohne Unterlass die Bläschen der Luftpolsterfolie platzen lassen? Ein Wiederhall im Ohr, der sich verirrt. Kann man sich das wieder abgewöhnen? Scheiße, ist das geil. Ist das charakterabhängig? Alltagstauglich? Außenseitertypisch? Selbst mein Seelendoc kommentiert jede meiner Anekdoten mit einem Knall eingeschlossener Luftblasen. Das war ihm gar nicht bewusst...Habe ihn befragt...Er sagt: Eine Befreiung. Ein Refugium. Also Spaß, sagte ich. Scheiße, ist das geil.

Rurik: Ich habe auch so meine...Zwänge. Psychosen. Unfreiheiten. Abhängigkeiten. Hinderungen. Und wo kommt das bei Dir her?

Tiago: Na hör mal. Ich bin ja nicht...Vielleicht eher zurückhaltend, bescheiden, fast stumm. Aber das ist doch kein Grund…Ich definiere mich mehr über das Geräusch.

Rurik: Oh, das tut mir leid. Bei mir ist es das Zählen.

Tiago: Das ist ja bescheuert. Schafe oder was? Da knall ich doch lieber…

Rurik: Das hatte ich auch vor. Und bevor ich das mache, zähle ich lieber meine…

Tiago: …Meine Freundin würde sagen…Hast Du so viele auf dem Gewissen? Scheiße, ist das…

Rurik: …Geil…ist es, herunterzuzählen. Von zehn auf eins oder auch nur von sieben auf sechs. Das sind ganz andere Dimensionen. Hier mit diesem Gerät (zeigt das Zählgerät). Das macht es klar und sichtbar. Dazu dieses Klicken.

Tiago: Wie bei der Folie. Das Geräusch. Lass uns mal tauschen.

(Beide tauschen Folie mit Zählgerät)

Tiago: Knall mal.

Rurik: Zähl mal.

Tiago: Irgendwie bringt mir das nichts.

Rurik: Ich könnte mich jetzt auch nicht daran gewöhnen.

Tiago: Das riecht so verbraucht. So berührt, so…

Rurik: Das klebt schon richtig. Was hast Du damit schon alles gemacht?

Tiago: Gib es zurück.

(Beide tauschen wieder)

Rurik: Ich wollte es ja gar nicht.

Tiago: Ich dachte, Dir gefällt…

Rurik: Drei Mal hast Du es schon angefasst (zählt mit dem Gerät).

Tiago: Ich dachte, es war viel öfter. Magst Du das Ploppen? (zerplatzt eine Blase) Ist fast zärtlich, oder?

Rurik: Es bringt mich in Stimmung. Hast Du für ihn geschrieben? (betätigt das Gerät) Eine Seite? Drei?

Tiago: (zerplatzt wieder eine Blase) Jetzt ist sie hin.

Rurik: Wer?

(Pause)

Tiago: (lauter) Die Stimmung.

Rurik: (noch lauter) Das tut mir leid.

Tiago: Ja, ich habe für ihn als Autor gearbeitet.

Rurik: Du auch? Wie hast Du ihn gefunden?

Tiago: Über eine Anzeige. „Schauspieler sucht Bewunderer und Hauptrolle für sein Comeback". Habe Fanpost eigenhändig mit Tinte verfasst. Wie dort beschrieben. Ein ganzes Bündel.

Rurik: Ich auch.

Tiago: Hat mich sofort eingeladen.

Rurik: Wie bei mir. Gleich ein Anruf. War zehn Tage bei ihm als Autor. Habe über Rache geschrieben.

Tiago: Ja, geil, geil, geil. Ich über Befreiung. Wenn Luftpolsterfolie zerplatzt, löst sich etwas. Dann wird Aufgestautes endlich frei.

Rurik: Und wie hat ihm das gefallen?

Tiago: Er hat es nicht verstanden. Es war ihm egal. Völlig unerheblich. War auch zehn Tage da. Das zahle…

Rurik: …zähle…

Tiago und Rurik: …ich ihm heim.

(klatschen sich mit Händen ab)

Rurik: Was so verschlossene Luftblasen für Wirkung auslösen können. Ich habe die von mir geschriebenen Seiten rückwärts durchnummeriert. Das spornt zum Lesen an, weil weniger übrig ist, wenn man zum Ende kommt.

Tiago: (übereuphorisch) Ja! Genau. Und?

Rurik: Er hat die Seiten in die Luft geworfen.

Tiago: Scheiße, ist das geil.

(Tiago geht ab)

Rurik: Ich habe Dich nicht verstanden. Ein winziges Geräusch würde mir schon genügen.

(Tiago lässt im Off eine Blase platzen)

(Licht aus)

(Rurik geht ab)

(Musikeinsatz)

Szene 6

(Fridtjof tritt auf)

(Licht an)

(Edward tritt auf mit einer Tasche mit Kleidung, Schreibmaschine, Briefbündel, Paket; fährt sich durch seine Haare, zählt mit Fingern und ist um Ordnung bemüht)

(Musikeinsatz endet)

Fridtjof: Lässt Du mich noch einmal warten. Bist Du raus.

(Edward verunsichert)

(lacht) Mit dem Satz habe ich auf kleiner Bühne begonnen. „Sie richten sich nur zu Grunde, gnädiger Herr" war das zweite Erfolgsstück. Und dann ging es gleich bergauf. Ich komm hoch...

(Fridtjof winkt Tiago heran und zeigt auf Scheinwerfer)

(Tiago tritt auf und beleuchtet Details)

Was trägst Du in der Tasche mit Dir herum?

Edward: Vielleicht sollten wir uns mal näher kennenlernen...

Fridtjof: Ja, ja...also, was ist in der Tasche?

Edward: Ein paar Kleidungsstücke. Zum Gefallen.

Fridtjof: Das meine ich nicht.

Edward: Noch eine Schreibmaschine.

Fridtjof: Das ist gut. Stell sie dorthin.

(Edward stellt die Schreibmaschine ab)

Und weiter?

Edward: Ein paar Briefe.

Fridtjof: Wirf Sie her.

(Edward wirft den Briefstapel Fridtjof zu)

Fridtjof: (fängt diesen und überfliegt einige Briefe) Alles schön und schmeichelhaft. Wer schreibt sowas?

Edward: (überkreuzt die Beine) Ich habe sie von der Post abgeholt.

Fridtjof: (wirft sie zurück) Lügner. Immer dasselbe. Deine Beine sind gekreuzt. Was ist außerdem in der Tasche?

Edward: Nichts.

Fridtjof: Soll ich Dich wieder Lügner nennen, mein Hosenscheißer? Schau doch mal genau nach.

Edward: Die Wahrheit muss nicht stimmen. Sie muss nur richtig sein. Was soll da noch sein?

(Edward zeigt Fridtjof die leere Tasche, entnimmt dabei das Paket und versteckt es sichtbar für das Publikum hinter seinem Rücken)

Fridtjof: (bemerkt das Spiel) Nichts. In so eine Tasche passt ja auch nicht viel rein. Nicht mal ein

Kind. Nicht mal ein Traum. Wenn ich alleine auf Reisen ging, habe ich den Überblick verloren. Hatte mehr Gepäck als meine Frau. Einiges kam abhanden, anderes wurde mir gestohlen. Und es war immer noch genug. Das ist doch komisch oder? Was man alles mit sich herumträgt, min Deern.

(Pause)

Fotos im Rahmen oder Karton, auf denen ich an unmöglichsten Orten posiere, meist allein, selten mit meiner Frau, oft mit einer anderen blondierten, mal am Meer, mal im Studio (schnippst, Scheinwerfer geht an), mal im Bett. Kostüme mit Samtbezug. Einige schimmernd mit Brokat oder andere in kunstvollen Leinen. Das kann man spüren. Zeig mal Deine Hände.

(schickt Tiago fort)

(Tiago geht ab)

(Edward hält das Paket zwischen seinen Beinen und streckt die Hände nach vorne)

Du kannst das fühlen. Das sehe ich gleich. So geschickt, wie Du bist. Wie die Hände meiner Frau. Pack alles zusammen und bleib. Verschließe alles gut. Hörst Du, verschließe es. Habe alles verloren.

(Edward fühlt sich ertappt und packt Kleidung und Briefe wieder in die Tasche und auch das Paket).

Lass die Maschine stehen. Ich möchte, dass Du gleich anfängst.

Edward: Das heißt, ich kann wirklich bleiben?

Fridtjof: Ja doch. Jeder hat mal so oder so angefangen...enden tut es immer gleich.

(Edward zählt mit Fingern und streicht sich durch seine Haare)

(Licht aus)

(Musikeinsatz)

Szene 7

(Musikeinsatz endet)

(Licht an)

(Tiago tritt auf)

Tiago: (aus dem Off) Scheiße, ist das geil.

(Rurik tritt auf)

(Lars tritt auf)

Tiago: (herrisch als Edwards Mutter) Ich könnte Dich schon wieder. Na los, aufstehen. Schön aufstehen. Du bist so schrecklich, Kind. Bürste Dir doch mal die Haare und hast Du alles zusammen? Du musst gut sein. Immer wieder gut sein. Der Pyjama kann jetzt gleich mal runter und dann ab ins Bad und die Zähne putzen. Du willst nicht die Zähne putzen? Warum willst Du denn nicht die Zähne putzen? Weil Du die Lücken nicht putzen willst. Gerade die Lücken müssen geputzt werden, sonst werden da noch mehr Lücken. Dann kommen noch Karies und Morschheit und dann…die grässliche Mundfäule. Dann wird alles noch viel schlimmer. Meinst Du, Deinem Vater interessiert das? Und dann…fallen Dir die Haare aus, wie an einem Baum die Blätter. Und dann siehst Du aus wie der Mann da…

Lars: Das ist unerhört. Ich finde das jetzt richtig blöde. Über andere zu lästern ist unter aller Sau. Die Haare könnte ich mir vor Wut vom Kopf fressen.

Tiago: Genau. Essen muss man. Wie, Du hast keinen Hunger? Alle kann es werden, nur reichen muss es. Da liegt ein halbes Brötchen seit Tagen für Dich bereit. Eingewickelt in Unmengen von Plastik. Wie soll man da noch atmen? Da wellt sich der Schinken, weil Du es…genau…aus dem Blick verlierst. Mach doch mal die Haare aus Deinem Gesicht. Nachher verschluckst Du Dich noch an den Strähnen. Du weißt schon, dass wegen Dir Tiere sterben. Unnötig. Am liebsten würde ich Dir das ganze Getreide reinstopfen. Nur um Dir klar zu machen, welche Schuld Du daran hast.

Rurik: Was hat er (meint Edward) damit zu tun? Ich würde mir diese Schuld nicht anlasten lassen. Er hat schon genug mit dem Tod seiner Mutter zu tun. Die ist nämlich aus Gram gestorben. Die hat sich so über Dich geärgert, dass sie umgefallen ist und aus. Hingeschlagen und weg. Und Du (meint Lars) hast ihn aufgenommen und für Deine Zwecke gebraucht.

Lars: Na hör mal. Jetzt ist mal Schluss. Ich habe meinen Bruder verloren und da kam er als Ersatz gerade recht. Was soll ich denn auch machen, wenn ich keine Ausbildung habe und nichts anderes kann? Ich bin jetzt Agent geworden. Nichts Halbes und nichts Ganzes.

Rurik: (zu Tiago) Ja, was soll er auch anderes machen? Mein Vater ist beschäftigt ohne Ende. Könnt ihr mal zuhören? Er ist den ganzen Tag unterwegs, weil er für das Essen arbeiten muss. Und nicht nur tags, auch nachts.

Tiago: Nicht nur für das Essen. Für alles. Für die Puppen, nicht nur die blonden, die Spielsachen…

Edward: Ich hatte keine…

Lars: Jetzt sagt der mal einen Satz und zerbricht gleich die gute Stimmung. Das geht mir sowas auf den Pinsel.

Fridtjof: Am Broadway…

Rurik: Weißt Du, was der Broadway ist? Eine Straße. Da ist nicht mal ein Baum. Vielleicht so angedeutete, also Kulisse. Fassade. Und abends liegen da genauso viel Müll und Essensreste herum wie eine Straße weiter.

Fridtjof: Ich war in den größten Theatern…

Rurik: Scheiße warst Du. Vierzig Theater in einem Haufen. Da hat keiner einen Überblick, was da überhaupt noch läuft…

Fridtjof: Aber früher…

Rurik: …dann eben lief. Billig produziert, damit viel reinkommt…

Fridtjof: Warst Du überhaupt mal da?

Rurik: Wie soll ich denn da hinkommen, wenn ich so schlecht bezahlt werde? Wie kommst Du da hoch?

Fridtjof: Ich komm hoch, wenn die Zuschauer erscheinen und ich soll ein Kostüm anziehen…hui, bin ich wieder oben.

Tiago: (zu Edward) Kann ich jetzt mal weiter…Hast Du es denn verdient, was Dein Vater (zeigt auf Fridtjof) sich da zusammengespart hat? Bisschen ist für Pay-TV, Schnaps, Puff und Zigarren…

Fridtjof: Ich rauche überhaupt nicht und was habe ich damit zu tun?

Lars: Das ist ja nur symbolisch. Oder?

Fridtjof: Halte Du doch mal die Fresse.

Rurik: So kann man ja nicht miteinander umgehen?

Edward: Wieso denn nicht?

Das ist ja wie in einer ganz normalen Familie. Erst steht man als Kind im Mittelpunkt, ist süß und umgarnt, wird herumgereicht, alle bemühen sich und streiten weiter im Verborgenen, und dann wird man zum Problem, wer kümmert sich und wie lange.

Rurik: Jeder sucht sich eine Nebenbeschäftigung, um das Kind zu finanzieren, damit es dann ausstaffiert wieder herumgezeigt wird.

Edward: Vater sucht sich Groupies, Mutter einen Eintänzer.

Rurik: Auf Tournee rund um die Welt. Eher Europa. England, Skandinavien oder Lissabon, Cartagena, Split und dann noch…was weiß ich.

Edward: England ist gut. Außer Bühne nichts gesehen, gut genährt und nachproduziert. Und das Geld reicht schon wieder vorne und hinten nicht. Das erste Kind wird erst bei „guten" Freunden abgeben und muss irgendwann weg.

Rurik: Abgeschoben.

Edward: Das ist ja kein Abschieben.

Rurik: Verstoßen.

Edward: Das ist ja kein…ja.

Tiago: Ihr erinnert euch schon, oder? Ich sagte: Du musst essen. Bin selbst aus Portugal und spiele gerade die Mutter aus England. Mach das doch mal ein bisschen…

Edward: Du kannst nicht meine richtige Mutter sein. Also gut. Boa, habe ich Hunger. Was gibt es denn?

Fridtjof: Komm los. Frühstück mit Speck.

Edward: Ich will etwas anderes.

Rurik: Was soll das denn sein?

Lars: Na, das, was es immer gibt.

Tiago: Und warum nichts anderes? Mal Müsli.

(Wiederholt, im Tempo gesteigert; dann übertrieben und wie ein Tanz)

(Musikeinsatz)

Edward: (zeigt seinen Bauch, derb) Boa, habe ich Hunger, Du Sau. Was gibt es denn? Ich fall fast vom Speck.

Fridtjof: (deutet Geschlechtsverkehr an) Komm los. Frühstück mit Ei.

Edward: (kindlich) Ich will etwas ganz anderes.

Rurik: (wird handgreiflich) Was soll das denn noch sein?

Lars: (anzüglich) Na das, was es noch zu fühlen gibt.

Tiago: Und warum nichts anderes? Mal Fleisch.

(derbe) Jetzt aus der Sicht von Split: Ćevapcici.

Fridtjof: Gesundheit.

Tiago: Vielen Dank.

Fridtjof: Und was isst Du nun?

Tiago: Na, Ćevapcici.

Fridtjof: Gesundheit.

Tiago: Vielen Dank.

Fridtjof: Und was isst Du nun?

Tiago: Im Text steht jetzt drin, das geht noch fünfmal so. Obwohl es nur drei Söhne gibt.

Rurik: (mit Zählgerät) Also fünfmal.

Fridtjof: (zu Lars) Vielleicht kannst Du mal mitmachen. Dann ist es schneller vorbei…und auch lustiger.

Lars: Wieso ist es lustiger, wenn ich…?

Fridtjof: Und was isst Du nun?

Lars: Na, Ćevapcici.

Fridtjof: Gesundheit.

Lars: Vielen Dank.

Fridtjof: Und was isst Du nun?

Lars: Na, Ćevapcici.

Fridtjof: Gesundheit.

Lars: Vielen Dank.

Fridtjof: Und was isst Du nun?

Edward: Ražnjići.

Lars: Du bist ja gar nicht dran.

Fridtjof: Gesundheit.

Lars: Das ist jetzt blöd, dass Du darauf antwortest, obwohl er ja gar nicht dran ist.

Fridtjof: Halt doch mal die Fresse.

Rurik: Na, vielleicht reicht ja auch viermal.

(Rurik zählt entsprechend)

Tiago: Es sind drei Söhne. Scheiße, ist das geil.

(Tiago geht ab)

Edward: (niedlich; zählt mit Fingern und streicht sich durch die Haare) Kümmert sich mal jemand um mich?

(Licht aus)

(Edward geht ab)

(Rurik geht ab)

(Lars geht ab)

(Musikeinsatz endet)

Szene 8

(Licht an)

(Edward tritt auf mit einem großen Stapel Papier)

(Tiago tritt auf und läuft um das Zimmer herum)

(Fridtjof schaut ihm hinterher)

Fridtjof: (liest) Das ist gut. (nimmt das Blatt zur Seite)

(liest): Das ist schlecht. (wirft es weg)

(wiederholt dies mehrfach; Edward reagiert jeweils darauf)

Edward: Soll ich noch mehr schreiben?

Fridtjof: Ich habe Dir gesagt, ich will eine Hauptrolle. Das ist noch keine. Setz Dich dort hin. Will Dir beim Schreiben zuschauen.

(Edward beginnt zu schreiben)

(Fridtjof hängt einige Blätter am Baum auf)

(Rurik tritt auf und beobachtet es)

Fridtjof: Du erinnerst mich an…

Edward: An Deinen Sohn?

Fridtjof: Konzentrier Dich aufs Schreiben.

Edward: Wo ist Deine Frau?

Fridtjof: (nimmt Edward ein Blatt ab) Das ist schlecht. Edda war immer so nervös.

(gibt Edward Blätter) Hänge diese an dem Baum auf. Das ist gut.

Edward: Da, wo auch die Rosen sind?

Fridtjof: Nein. Das ist schlecht. Weg von den Rosen. Ich ertrage das nicht mehr und will sehen, wie ich wieder aufblühe.

(Musikeinsatz)

(Edward befestigt die Blätter an den toten Ästen des Baumes)

(Fridtjof geht ab)

Rurik: Was machst Du da?

Edward: Das, was ich schreibe, gefällt ihm. Los, hilf mir. Nur auf dieser Seite.

(Rurik hängt auch Blätter auf)

Rurik: Ich habe es Dir doch gesagt. Er vermeidet den Kontakt zu Rosen.

Edward: Was?

Rurik: Ach, nichts.

Edward: Er hat mich, glaube ich, wiedererkannt.

Rurik: Als seinen Sohn?

Edward: Das wäre doch toll, oder? Wir könnten uns aussprechen und zusammen sein.

Rurik: Hat er von seiner Frau erzählt?

Edward: Nein. Auch das nicht. Gib Dir Mühe.

(Rurik hängt die Blätter wieder ordentlicher auf)

Edward: Wie viele sind es schon?

(Rurik setzt das Zählgerät wieder ein und zeigt das Ergebnis)

Edward: Ich muss noch viel mehr schreiben.

(Musikeinsatz endet)

Rurik: Er hat sie auf dem Gewissen. Bin mir sicher. Soll ich Dir etwas zeigen?

Edward: Du willst mich nur gegen meinen Vater aufhetzen.

(Rurik geht zum Baum und holt Schmuck hervor).

Rurik: Siehst Du das?

Edward: Leg ihn zurück, er gehört Dir nicht.

Rurik: Er gehört Deiner Mutter. Er hat ihn hier versteckt.

Edward: Leg ihn zurück. Sie trägt ihn bestimmt noch. Sieh doch, wie schön er ist. Und hier das Tuch. Es riecht nach Rosenblüten.

Rurik: Wach auf, Edward. Kennst Du eine Frau, die ihr Geschmeide im Baum versteckt? In einem abgestorbenen, auf dem blaue Rosen sprießen? Die sind nicht mal echt.

Edward: Was willst Du damit sagen?

Rurik: Er hat sie beiseite geschafft und tut unwissend.

Edward: Das ist nicht wahr. (verändert, setzt Brille auf) Ich mach Dich kalt. Du forderst mich nicht heraus. (handgreiflich) Hörst Du? Hörst Du?

Rurik: (abwehrend) Wenn ich es Dir doch sage. Sei still, er kommt zurück.

(versteckt den Fund an einem anderen Ort)

(Fridtjof tritt auf und schaut auf die hängenden Blätter)

Fridtjof: Du bist erfolgreich. Schön. (bemerkt Rurik) Was machst Du noch hier? Edda Kiekebusch war immer so nervös.

Edward: Meine Mutter?

(Edward will einige Blätter wieder abnehmen)

Fridtjof: Was tust Du?

Rurik: Das einzig richtige.

Edward: Ja, das einzig richtige. Was ist mit meiner Mutter passiert?

Fridtjof: Was soll passiert sein?

Edward: Es reicht mir jetzt. Du spielst gerade echt schlecht.

Rurik: Sage ja. Nichts mit Broadway.

Fridtjof: Ich kenne Deine Mutter nicht. Vermisse selbst meine Frau.

Edward: Aber Du hast ja ihre Sachen…

Rurik: (hält ihm den Mund zu) Psst.

Fridtjof: Bleib hier. Ich erzähle Dir von ihr.

Rurik: Merkst Du es nicht? Er will Dich einwickeln. Ich träume schlecht davon. Wenn ich nur schlafen könnt.

Edward: (hängt Blätter wieder auf) Ich will es hören.

Rurik (nimmt Edward zur Seite und flüstert): Er ist ein Mörder. Nimm Deine Sachen, komm mit und räche sie. Hat Dir Deine Kindheit genommen, Dich fallen gelassen und jetzt lügt er Dir noch ins Gesicht.

Edward: Lass mich. Ich bleibe noch.

Rurik: (etwas lauter) Ich habe einen Plan.

Fridtjof: Was für einen Plan?

Rurik: Pass auf, Edward. (holt eine blaue Rose hervor und übergibt sie Edward) Gib sie ihm. Und sag, das war die Lieblingsfarbe Deiner Mutter.

Edward: Ich verstehe nicht und woher weißt Du das?

Rurik: Los, mach schon. Ich will den verdammten Schmuck. Nur deshalb bin ich noch hier.

(Edward geht auf Fridtjof zu und will ihm die Rose übergeben)

Edward: Erinnerst Du Dich?

(Fridtjof atmet schwer)

Edward: Was hast Du?

Fridtjof: Wirf sie weg. Ich sage, wirf sie weg.

(Licht aus)

(Fridtjof geht ab)

(Rurik geht ab)

(Musikeinsatz)

Szene 9

(Lars tritt auf)

(Licht an)

(Edward trägt Brille und würgt Lars)

(Musikeinsatz endet)

Lars: Hör auf. Das bringt mich um.

(Edward löst den Griff und setzt die Brille ab)

Edward: 10 Uhr und keiner war da. Ich will die Hauptrolle und da ist mir jedes Mittel recht.

Lars: Was kann ich dafür, wenn Du nicht zuhörst. 12 Uhr, zwöööölf und wir haben auf Dich gewartet. Du musst ins Studio kommen. Nicht ins Theater.

Edward: (völlig verändert) Oh, das tut mir leid. Ich habe das nicht gewollt und gebe Dir einen Kuss. (küsst Lars) Ich war so außer mir und dachte, Du betrügst mich. Wie kann ich das nur wieder gut machen…

(erneut verändert, als Jack mit Brille) Was ist jetzt mit der Rolle? (führt Lars Hand) Leg Deine Hand an meinen Arsch und sprich mir nach. „Ich werde nicht mehr lügen".

Lars: Ich werde nicht mehr… Du, pass mal auf, Du Schauspieler. In dem Geschäft wechseln ständig die Seiten, die Perspektiven. Ich verschaffe Dir die Hauptrolle. Sagte bereits, dafür will ich eine Gegenleistung, Jack.

Edward: Ich habe Vater und Mutter verloren. Was ist mit denen geschehen? Weißt Du etwas?

Lars: Den Vater kennst Du schon. Die Mutter…einen Schritt nach dem anderen. Erst meine Gegenleistung.

Edward: Ich könnte Dich verprügeln für das, was Du mir angetan (setzt die Brille ab, verändert, berührt innig Lars) Sagte schon, mache alles. Was willst Du?

Lars: Das ist ja mal eine Grundlage. (ebenso verändert, schiebt Edwards Kopf zu Seite) Ich will das Bildnis seiner Frau.

(Licht aus)

(Musikeinsatz)

(Lars geht ab)

Szene 10

(Licht an)

(Musikeinsatz endet)

(Tiago tritt auf und liest einige Seiten, die am Baum hängen)

(Edward beobachtet das)

Tiago: Komm mal her.

Irgendwie komme ich zu kurz. Bin ich unsichtbar, oder was? Durchsichtig wie Folie, oder wie? Hallo, bin auch noch da.

Seine (über Fridtjof) Frau...wäre meine Mutter, wenn sie könnte...Ist sie aber nicht. Wenn er verschiedene Frauen hat, ist jedes Kind ein Sohn...oder eine Tochter...wenn es Töchter gäbe. Gibt es aber nicht. Nur Söhne. Was weiß ich, wie viele. Bin ich einer davon? Das kann ich nicht sagen. Aber vielleicht weißt Du es?

Sag mal...Edward...Bin ich Dein Bruder?...Hallo, bin auch noch da. Nun sag doch mal was...Oh, ist das nervig. Das ist ja wie im Hühnerstall. Ein Hahn macht mit den Hühnern herum, und wenn da drei Eier liegen, will es keiner gewesen sein. Die Henne schaut weg oder will nichts wissen oder tröstet sich mit einem anderen Gockel. Die kleinen Viecher sind plötzlich alle stumm...sind längst keine Küken mehr und suchen nach dem Hahn. Was schaust Du denn jetzt so?...Hallo, bin auch noch da. Kannst jetzt gehen.

Komm nochmal zurück.

Ich lese Dir jetzt mal vor, was Du geschrieben hast. Meine Zeilen liegen irgendwo dahinten. Über Befreiung. Verborgen. Plötzlich nicht mehr auffindbar. Hast Du sie untergeschoben? Das wäre ja ziemlich link, denn wir sind ja eine Brut und haben einen Plan, den wir ausbrüten. (drückt übertrieben)

Edward: Das würde ich nie tun. Er wollte, dass ich sie hochstaple (versucht, nach oben auf dem Papierstapel zu gelangen) und eine Hauptrolle für ihn schreibe.

Tiago: (nimmt ein weiteres Blatt ab) Das sollten wir alle. Für sein Comeback am Broadway. Hör zu… (übertrieben) Es geht ja um den Broadway und da muss schon etwas…Besonderes…

(liest vor) „Abgestorbenes Holz, das sich aufbaut und zurückwirft. Gesenkte Gestalten, denen der Mut zum Aufbäumen fehlt. Blaue Rosen, die nur noch oben ranken und nie ein Tropfen Wasser gesehen. Ein betörender Duft, der Leiden schafft."

Ja, in Ansätzen…nicht…ganz so schlecht.

Oder hier…

"Befremdlich ist das Opfer meiner Jungend". Es muss „Jugend" heißen ohne „n", also ohne zusätzliches „n". Hast Du das besoffen geschrieben oder was?

Edward: Ich wollte…

Tiago: Geht ja noch weiter.

Hier gibt es eine Szene, wo die Frau des Jack…

Edward: Ja, Jack ist seine Rolle…

Tiago: Klingt wie ein Cowboy. Ja, ja…wo sie auf einem Boot…und der Mond steht hoch oben und beleuchtet die Szene „bei Sturm dem Abgrund nah in die Tiefe schaut". Kurz vorher heißt es: „Das Meer ist ruhig, das Boot wiegt sanft". Das klingt alles dramatisch, passt aber nicht zusammen. Was denn nun? Sturm und Drang oder lethargische Bewegungslosigkeit? Da hofft man fast: Nun spring doch mal.

Nur denke ich, wer soll bei Ebbe fallen? Und so ein Bötchen ist ja auch nicht so hoch. Da ist Fallen zu übertrieben. Oder stößt er…wie sagtest Du noch, dieser…?

Edward: (setzt die Brille auf) Jack.

Tiago: Genau, der Cowboy.

Edward: Das ist kein Cowboy. Sehe ich aus wie ein Cowboy oder was?

Tiago: Wenn Du Deine Beine geschlossen hältst, nicht. Stößt dieser Jack seine Frau hinab oder fällt sie selbst?

Mit diesem Text, der hier am Baum hängt, kann er nicht mal in einer kleinen…geschweige denn in einer Hauptrolle sein Comeback feiern.

Edward: Vielleicht will das Jack auch gar nicht.

Tiago: Moment. (sucht in den Blättern am Baum) Wo finde ich diesen Hinweis? Scheiße, ist das geil.

Edward: (setzt die Brille ab) Na, bei mir.

Tiago: Soll ich Dich an dem Baum hängen, weil Dir das Schreiben nicht mehr gelingt?...Soll ich Dir eine Schlinge um Deinen schönen Hals wickeln, weil Dein Vater Dich nicht mehr sieht? Brauche jetzt meine Folie. Er verkümmert bei Deinen hohlen Worten.

Edward: Ich will, dass er sich um mich kümmert. Das schlichte Schauspiel aufgibt, das ihn verklärt. Und seine Frau muss meine leibliche Mutter sein. So schlecht, wie ich in England behandelt wurde.

Tiago: (nimmt ein Blatt, knüllt es zusammen und steckt es Edward in den Mund) Das hast Du nie gesagt, oder? Du kannst schreiben, was Du willst, aber es doch nicht sagen.

(Edward versucht zu antworten)

Ich verstehe Dich nicht. Sprich doch lauter. (drückt das Papier noch tiefer in seinen Mund)

(Tiago geht ab)

(aus dem Off) Und jetzt noch eins…Er ist auch mein Vater.

(Licht aus)

(Edward geht ab)

(Musikeinsatz)

Szene 11

(Licht an)

(Rurik tritt auf mit einem Flakon)

(Musikeinsatz endet)

Rurik: Schlag auf Schlag. Rosenlikör ist eine Delikatesse. Fein abgestimmt und in besonderer Rezeptur. Edward?

(Edward tritt auf)

Was ist los? Edward?

Edward: Hatte eine unangenehme Erfahrung.

Rurik: Das geht mir ständig so, wenn ich mich zurückerinnere. Riech mal.

(Edward riecht erst verhalten an der Flasche und genießt dann)

Und?

(Edward schließt kurz die Augen)

Wenn ich nachts die Augen schließe, bleibt die Erinnerung noch lange wach. Ich prügle Dich windelweich, wenn Du mir nicht hilfst. Von Angst zu träumen ist kein Kinderspiel.

Edward: Was weckst Du mich aus Träumen mit Deiner unendlichen Wut? Was trägst Du mit Dir herum?

Rurik: (zeigt Edward sein Zählgerät) Es hilft beim Einschlafen.

Edward: (riecht erneut am Rosenlikör) Wie Schafe zählen.

Rurik: Noch ein son Satz, Zahnersatz.

Edward: Das prallt ab, Haare ab.

Rurik: Hör lieber auf, sonst Ausverkauf.

Edward: Unbeschwert, weggekehrt. Erzähl mal lieber von Deinen Ängsten.

Rurik: Es ist nur eine…

Edward: Trypophobie?

Rurik: Keine Löcher.

Edward: Hämaphobie?

Rurik: Auch nicht vor Blut. Autophobie ist Deine.

Edward: Ja, alleine sein macht mir Angst. Doch nicht etwa…Hypnophobie? Das quält ja am meisten.

Rurik: Ja, die Angst vorm Schlafen.

Edward: (nicht wirklich interessiert) Und was macht man da? Ich habe ja kaum ein Bein im Bett und weg bin ich.

Rurik: Ich habe Dich gewarnt, gleich bist Du richtig weg.

Edward: Hast Du nicht mal einen Tipp für solche, die nicht gleich hinsiechen können…die nicht in der Lage sind…oh Mann, ich treffe gerade nicht die richtigen Worte…

(Rurik gähnt währenddessen)

Rurik: Zählen und das mit Bildern verbinden, ganz weich und sanft…

Edward: Du und sanft ist schon ein Widerspruch.

Rurik: Bin schon wieder so aufgewühlt.

(betätigt das Zählgerät) Sechs, fünf, vier, drei, zwei, eins. Fang Du mal an. Darf ich Dich kurz küssen? Du bist ja wie ein Bruder, den ich nach 20 Jahre entdecke.

(küsst ihn auf die Stirn)

Edward: (zählt mit Fingern und streicht sich durch die Haare) Warum wollen mich immer alle…? Kann ich vielleicht mal über meine Angst…

Rurik: (an die Regie) Können wir kurz ein Blackout bekommen?

Regie: (aus dem Off) Das steht jetzt nicht im Skript.

Rurik: Ich weiß. Das würde gerade passen. Als ob ich gerade mal eingeschlafen wäre und kurz danach wieder aufwache.

(Licht aus)

Danke.

(Licht an)

Das war jetzt eine kurze Nacht. Können wir vielleicht noch einmal. Also ganz kurz.

(Licht aus)

Oh. Ist das schön. (Pause) So in der Dunkelheit fallen mir schon wieder…meine Mutter und mein Vater ein. Vielleicht lassen wir das Licht einfach mal aus. Edward, bist Du noch da?

Edward: Ja, Rurik. An meine Mutter habe ich noch eine zarte Erinnerung. Ein Duft von Rosen, der sie umgab. So klar und rein.

Rurik: Mein Vater hat sie verlassen. Ihr blondes Haar ergraute schnell. Mutter verlor kein gutes Wort. Ich stelle mir vor, wie er war.

Edward: Er könnte Lokomotivführer sein, Spielemacher oder Juwelier.

Rurik: Ihn umgab der Geruch von Schweiß und Gin. Er hat getrunken, sich nicht um mich gekümmert. Hat nichts gelernt außer das Prügeln.

Edward: Vielleicht hat er sich umentschieden, ist Schauspieler geworden, hat seine eigene Garderobe und einen Agenten, der ihn in alle Welt vermittelt.

Rurik: Ganz betäubt im Blick. Immer wieder und wieder zog er umher. Und hat sie betrogen. Hat er gedacht, sie bemerkt das nicht?

Edward: Das würde mich so traurig machen, wenn er seinen Traum nicht lebt.

Rurik: Manchmal denke ich, er hatte bestimmt auch gute Seiten, wenn er nicht unter eigenem Druck stand.

Edward: Jedes Bild hat eine Vorder- und eine Rückseite. Wenn die Ansicht verblasst, steigt Wut auf.
Die bleibt dann ganz tief drin und entlädt sich irgendwann völlig unkontrolliert.

Rurik: Vater lud Mutter an einem Sommertag zur
Bootsfahrt ein. Er hatte nicht viel Geld und so wähl-
te er keine Jolle, sondern eher ein intimes Faltboot.
Sie trug ein Sommerkleid mit Blumenornamenten,
er einen geliehenen Frack. Keine Ahnung, was das
für Gewächse waren. Doch. Es waren Rosen, wie
vom lieblichen Geruch erfüllt.

Edward: Wenn mein Vater ein Schauspieler wäre,
würde er seine Kunst einsetzen. In der Rolle eines
raffinierten Mörders sie überlisten und ihr eine Falle
bauen, einen Unfall vortäuschen. Wohlmöglich
wählt er für einen Ausflug ein anfälliges Faltboot,
keine Jolle, und trägt zur Inszenierung ein Kostüm.
Ganz perfide wäre ja ein schwarzer Frack.

Rurik: Sie fiel ins Wasser.

Edward: Sie fiel ins Wasser.

Rurik: Sie hatte keinen Halt. Er versuchte, sie zu
retten.

Edward: Es gelang ihm nicht zu helfen. Er hatte keinen Halt.

Rurik: Mutter schwamm ans Ufer und ich habe sie
nie wieder gesehen.

Edward: Sie war die bessere Schwimmerin und er ertrank. (Pause) Also, das hat er gespielt. Was für ein Talent. Ich wünschte, ich wäre so…

Rurik: Vielleicht war mein Vater auch ein Bankier, ein Virtuose oder ein Schauspieler.

Edward: Was für eine Lüge. Vielleicht war mein Vater auch ein Kapitän, ein Lebemann oder ein Taugenichts.

(Licht an)

(Licht aus)

(Musikeinsatz)

(Edward geht ab)

Szene 12

(Licht langsam an)

(Musikeinsatz endet)

(Rurik fühlt sich unbemerkt und sucht)

(Tiago tritt auf, bringt Luftmatratzen und lässt sie aufblasen)

Rurik: Das habe ich mir verdient. Das steht mir zu. Wenn nachts das Licht ausgeht, dann erfüllt mich die Angst. Das hat seinen Preis. Verrat? Nein. Nur eine Wiedergutmachung. Entschädigung. Abmilderung. Wie soll ich sonst schlafen?

(Tiago richtet den Scheinwerfer aus)

(Rurik steckt den Schmuck ein und zählt die Stücke)

Das habe ich mir verdient. Das steht mir zu. Edward wird es richten. Er muss es richten. Und beenden.

(Rurik geht ab)

Tiago: Jetzt kommen wir der Sache näher. Tragik bläht sich langsam auf. Jedes Kind ist also ein Sohn unterschiedlicher Mütter. Ist das jetzt gut oder schlecht?...Hm, das ist relativ. Zumindest der gleiche Vater...Für mich ganz persönlich ist es schlecht. Ich habe mit dem Knabbern angefangen. Chips und Flips? Nein, an mir. Erst die Fingernägel, dann die Unterlippe. Das schmeckt auch nicht besonders. Ich bin jetzt kein Kannibale...Dann die ... Luftpolster, Knallfolie, Knackplaste, bubble wraps. Sie erinnern sich. Nehmen Sie mal ein Stück. Und jetzt drücken

Sie…(ausgewählter Zuschauer drückt die Folie)…Sorry, für den Druck, den Sie jetzt…fester…viel fester…(Knall)

Genauso fühle ich mich. Eingeschlossen. Ausgepresst. Weggedrückt. Und aufgeplatzt.

Und mein Vater, ein erfolgloser Schauspieler, profiliert sich und läuft allen Blondinen hinterher.

Das Bett ist gemacht.

(Tiago geht ab)

(Licht aus)

Szene 13

(Licht an)

(Fridtjof tritt auf)

(Edward tritt auf und zeigt auf die aufgebauten Luftmatratzen)

Edward: Kommst Du da hoch?

Fridtjof: Ich komm hoch, wenn die Zuschauer erscheinen und ich soll ein Kostüm anziehen…hui, bin ich wieder oben.

Edward: (zeigt auf den Baum) Das alles habe ich für Dich geschrieben und es gibt noch viel mehr. Es ist fertig. Ist es das, was Du willst?

(klettert auch hinauf)

Fridtjof: Ich bin nicht sicher.

Edward: Habe Texte verfasst, habe Phrasen gewählt, Betonungen und Gefühle entfacht und enttäuscht.

Fridtjof: Es ist enttäuschend. (liest den Titel des Werkes) „Fürchte den Geschmack von Rosen" und meine Rolle?…

Edward: Ist Jack.

Fridtjof: Wolltest Du nicht lieber spielen anstatt zu schreiben?

Edward: Gefällt es Dir nicht? Was muss ich noch tun, um Deine Beachtung zu verdienen?

Fridtjof: Wollest Du nicht lieber dieser Jack sein? Der Rebell passt wohl eher zu Dir.

Edward: (steht auf und beginnt auf den Matratzen zu hüpfen) Was ist mit meiner Mutter passiert?

Fridtjof: Hör auf, ich falle noch heraus.

Edward: Soll ich stärker springen?

Fridtjof: Hör auf, mir wird schlecht.

Edward: Was ist mit Mutter passiert?

Fridtjof: Edda ist ins Wasser gefallen. Ich dachte, eine Bootsfahrt an unserem Hochzeitstag würde ihr gefallen. Sie wieder versöhnen.

Edward: Wo war das?

Fridtjof: Im kalten Norden, min Deern. Die Sonne lacht. Das Wasser kalt. So mog wi dat.

Edward: Rurik sagt, Du hast sie betrogen mit Deinen Gespielinnen.

(Fridtjof und Edward toben auf der Matratze miteinander; beide lachen)

(setzt die Brille auf) Ist das wahr, Du Schuft?

Fridtjof: Frag eine Münze. Bei Kopf ist es wahr.

(Edward wirft die Münze immer wieder)

Edward: Kopf.

Kopf.

Dann bist Du der Mörder meiner Mutter.

(Edward rutscht herab)

(Fridtjof und Edward halten sich an einer Hand)

Fridtjof: Nein, sie konnte sich nicht halten. Es war ein Unfall.

(Edward lässt los)

Sie ist nicht Deine Mutter.

(Licht aus)

(Musikeinsatz)

(Edward geht ab)

(Fridtjof geht ab)

Szene 14

(Licht an)

(Rurik tritt auf)

(Musikeinsatz endet)

(Tiago tritt auf)

Tiago: Kannst Du mir mal erklären, ob es hier einen Mörder gibt?

Rurik: Kann ich nicht.

Tiago: Willst Du Fridtjof Hasko Garbrand Kiekebusch nun…beseitigen?

Rurik: Will ich nicht.

Tiago: Dann ist Rache nicht Dein Antrieb?

Rurik: Willst Du jetzt eine auf die Fresse? Ich will das subtil. Will seinen Tod. Also, mir fällt auch gerade kein weicheres Wort dafür ein. Ich habe auch wieder so schlecht geschlafen. Nur…

Tiago: Ja?

Rurik: Soll das Edward mal erledigen. Er ist ja der betroffene Sohn.

Tiago: Du bist doch genauso sein Sohn. Seine Reise nach Skandinavien. Wie heißt Du?

Rurik: Na, Rurik.

Tiago: Passt. Seine Reise nach England. Wie heißt er?

Rurik: Edward.

Tiago: Passt. Und ich?

Rurik: Tiago.

Tiago: Und wo war er da?

Rurik: In Cartagena.

Tiago: Das ist Spanien. Auch schön.

Rurik: In Split?

Tiago: Nee, Tiago ist portugiesisch.

Rurik: Ich komm nicht drauf.

Tiago: Mann. Lissabon.

Rurik: Das ist aber sehr naheliegend.

Tiago: Na, offensichtlich nicht. Da verliert man leicht den Überblick. Wer soll nun seine Frau für die Übeltat rächen?

Seine Söhne sind wir ja alle. Ich mache es nicht, obwohl ich allen Grund dazu hätte. Hat sich nie um mich gekümmert und jetzt lass ich Poppfolie knallen. (setzt Folie ein)

Rurik: Ich auch nicht. Hat sich nie um mich gekümmert und jetzt zähle ich die ganzen Tage…und Nächte. (setzt Zählgerät ein). Mir traut es doch jeder zu. Eins, zwei, drei…Es soll der Jüngste machen. Auch um ihn hat er sich nie gekümmert. Nur seine Mutter ist fort. Und Deine?

Tiago: Sie schreibt mir noch Briefe.

Rurik: Wie meine.

Tiago: Gib Edward den Likör.

Rurik: Ich muss den passenden Moment abwarten.

(Licht aus)

(Tiago geht ab)

Szene 15

(Licht an)

(Edward tritt auf und trägt den großen Ball auf seinen nach oben gestreckten Armen)

(Rurik hat das Paket in der Hand)

Rurik: Was machst Du hier?

Edward: (will wieder durch seine Haare streichen, das mit Händen nicht gelingt) Ich trage einen Ball.

Rurik: Schon klar, der ist ja groß genug, nur...wie lange schon?

Edward: Das kann ich nicht genau sagen.

Rurik: So ungefähr.

Edward: Vielleicht...

Rurik: Ja?

Edward: Drei...

(Rurik bedient dreimal das Zählgerät)

Edward: ...bis vier...

(Rurik zählt mit dem Gerät entsprechend)

Rurik: Tage?

Edward: Nein. Stunden.

Rurik: Das geht ja dann.

Edward: Ich spüre das schon in den Schultern.

Rurik: Wie stark auf einer Skala von eins bis fünf? Vier? Fünf?

Edward: Ich weiß es nicht. Es wird schon schwer.

Rurik: Wie kommt der da überhaupt hoch?

Edward: Ich komm hoch…

Rurik: Das habe ich nicht gefragt.

Edward: …Wenn die Zuschauer erscheinen und ich soll ein Kostüm anziehen…hui, bin ich oben. Ich bin Schauspieler. Bin der Jack. Hörst Du, der Jack aus „Fürchte den Geschmack von Rosen".

Rurik: (riecht an ihm) Was ist das? Das riecht so billig wie…

Edward: Plastik. Schimmelig, käsig, fast wie Essig.

Rurik: …Indische Melisse. Die zwittrigen Blüten sind fünfzählig mit doppelter Blütenhülle (zählt entsprechend).

Edward: Wo soll das jetzt herkommen? Kann ich mal den Ball absetzen?

Rurik: Warte noch. Hier (unter den Achseln) riecht es besonders intensiv. Das ist nicht Melisse. Das ist…wie heißt das noch? Dieses rote. Was Kinder gerne trinken.

Edward: Malve. Bekam ich nie als kalten Tee.

Rurik: Nee. Das juckt auch so.

Edward: Hagebutte. Dies hätte ich gerne meinen Vater in den Kragen…

Rurik: (übertrieben) Ja!...Nein! Viel lieblicher. Darf ich nochmal? (riecht wieder unter den Achseln)

Edward: Und hast Du es jetzt?

Rurik: Ja!...Nein!

Edward: Riech nochmal.

Rurik: (riecht erneut unter den Achseln) Eher strenger.

Edward: Das ist auch anstrengend.

Rurik. Wenn Du eine Frau wärst, wüsstest Du es gleich. Also streng Dich an.

Edward: Ich kann jetzt selbst da nicht riechen.

Rurik: Ich kann jetzt auch nicht ständig... Es ist blumig.

Edward: Jetzt haben wir bald alles durch, oder? Vielleicht Tulpen, Nelken, blaue Plastikblumen.

Rurik: Ja. Ich bin mir ganz sicher. Es ist der Geschmack von Rosen.

Edward: Geschmack?

Rurik: Kennst Du das nicht? Wenn Du etwas riechst, hast Du es zugleich auf der Zunge.

Edward: (züngelt) Ich schmecke nichts. Meine Zunge ist taub von all dem Fraß, den ich im Heim…

Rurik: Pssssst. Bleibe ruhig. Ganz ruhig. Mein Kind. Lass uns später davon reden. Ich kann nicht schlafen, wenn ich an den Geschmack von Rosen denke.

Edward: Wenn Du nicht schlafen kannst, warum nimmst Du dann nichts ein? Alkohol oder ein Likör vielleicht. Ich fürchte mich so.

Rurik: Dann befreie Dich doch.

(Rurik will Edward den Flakon mit Rosenlikör geben)

Edward: Wie soll ich das denn halten?

(Fridtjof tritt auf)

Fridtjof: Das Zeug juckt wie blöde. Erst Gürtelrose, dann Asthma und beim nächsten Mal der Tod.

Edward: Kann ich das jetzt kurz absetzen? Es drückt so auf den Schultern.

Rurik: Bring ihm den Likör und das Paket.

(Rurik steckt Edward das Paket zwischen seine Beine)

Edward: (wird noch nervöser) Kannst Du mir mal gerade durch die Haare fahren?

Rurik: Wenn Du meinen Zähler hältst.

Edward: Wie soll ich das machen?

(Beide versuchen es, ohne Erfolg)

Rurik: Nun komm doch mal auf den Punkt.

Edward: Nur Geduld. Wir haben doch Zeit.

Rurik: Ich dachte…der Ball wird Dir zu schwer.

Edward: Na hör mal. Das ist doch nur Luft.

Rurik: Ich ruf ihn jetzt! Fridtjof. Fridtjof.

Edward: Er ist doch schon da. Und ich soll ihm den Likör…?

Rurik: Ja, das sieht dann nicht wie Mord aus.

Fridtjof: Habe ich schon erzählt, dass ich eine totbringende Allergie habe? Ich fürchte den Geschmack von Rosen.

Rurik: Weiß ich doch längst. Nun gib ihm schon das Zeug. Das muss jetzt mal zum Ende kommen.

Edward: Nimm mir erst einmal das Paket ab.

(Rurik übergibt das Paket an Fridtjof)

Rurik: Oh Mann. Ich mach das jetzt selbst. Los trink.

(Rurik gibt den Flakon an Fridtjof)

(Fridtjof hält Flakon und Paket in den Händen)

(Edward stellt den Ball ab und nimmt Fridtjof das Paket ab)

(Licht aus)

Szene 16

(Lars tritt auf)

(Licht an)

(Tiago tritt auf)

Edward: (hält das Paket in der Hand) Was ist hier drin?

Lars: Es ist das Bildnis seiner Frau. Gib es her. Habe sie geliebt. Bin immer so traurig. Teardrops.

Edward: Was hast Du? Son Quatsch. Will jetzt meine wahre Mutter sehen.

Lars: Bin ich nicht.

Rurik: Trink schon.

(Fridtjof öffnet den Flakon)

Fridtjof: (schließt diesen wieder) Lass es zu. Möchte sie selbst in Erinnerung halten. Sie ist nicht Deine Mutter.

Rurik: Das kann ja wohl nicht wahr sein.

Fridtjof: (gibt Rurik den Flakon zurück) Das ist meine Frau. Deine Mutter habe ich in England verlassen. Genau wie seine in Skandinavien und seine in Portugal. Ich kann nur Söhne produzieren und meinen Erfolg. Schön wäre ja mal eine Tochter.

Tiago: Um die Du Dich wieder nicht kümmerst. Was willst Du noch mit einem Comeback?

Edward: Jetzt fängt der auch noch an.

Fridtjof: Ich komm hoch, wenn die Zuschauer erscheinen und ich soll ein Kostüm anziehen…hui, bin ich oben.

Rurik: (gibt den Flakon wieder an Fridtjof zurück) Trink endlich. Ich will den Schmuck.

Edward: Das ist Rosenlikör.

Fridtjof: Das bringt mich doch um.

Rurik: Ja doch.

(Fridtjof öffnet den Flakon und setzt zum Trinken an)

Tiago: Meine Mutter ist auch eine Deiner Geliebten.

Fridtjof: (setzt wieder ab) Sie hat sich auch getröstet.

Tiago: Mit wem?

Lars: Mit mir. Kann ich jetzt das Bild bekommen?

Edward: Das ist meins. Warum soll ihn der Likör umbringen?

Tiago: Weil er unseren Müttern als Geschenk eine blaue Rose übergeben hat…

Edward: Das ist doch kein Grund.

Rurik: Die war nicht mal echt…nun mach schon. Können wir mal die Fassade einreißen?

(Fridtjof setzt wieder an)

Tiago: …und einen Flakon billigen Rosenöls.

Fridtjof: (setzt wieder ab) Und als ich meine Frau verlor ertrug ich diese Schuld nicht mehr.

Edward: (setzt Brille auf) Ich verstehe. Und das führte zur tödlichen Abwehr. Und wann bekomme ich meine Hauptrolle als Jack?

Lars: Es gibt keine Hauptrolle. Bin Lars. Lars Kiekebusch, sein Bruder.

Fridtjof: Lass mich aus dem Spiel.

Edward: Na, wenn das so ist.

Tiago: Auf Dein Comeback.

Rurik: Ja, trink.

(Fridtjof setzt wieder an)

Edward: (hält ihn zurück) Lieber nicht. Fürchte den Geschmack von Rosen.

Lars: Ja, auf die Ängste. Bin so traurig. Teardrops. Kann doch nichts.

Edward: Schön in Reih und Glied (zählt mit den Fingern und fährt sich durch seine Haare). (setzt die Brille auf) Du Schuft (eilt zu Lars; eng).

Tiago: (lässt Blase platzen) Folie ploppen.

Rurik: (setzt das Zählgerät ein) Kann nicht schlafen.

(Fridtjof schickt Tiago fort)

(Tiago und Rurik gehen ab und küssen Fridtjof auf die Stirn)

Edward: Was ist falsch daran, eine Familie haben zu wollen?

Lars: Auf Jack.

Fridtjof: Nein. Für meine Frau. Edda Kiekebusch.

(setzt zum Trinken an)

(Licht aus)

(Musikeinsatz)

(Licht an)

(Verbeugung choreographiert)

1. Alle Schauspieler gemeinsam und mit großem Abstand zueinander und zum Publikum verteilt im Raum, Wiederholung

2. Daraus paarweise
   - Lars und Tiago
   - Fridtjof
   - Rurik und Edward

3. (Musikwechsel) Einzeln zu Musikeinsatz
   - Lars
   - Tiago
   - Fridtjof
   - Rurik
   - Edward

4. Gemeinsam
   - Position 1 in Reihe, Position 2 analog dem Publikum näher

(Licht aus)

(Musikeinsatz endet)

Bühne - im Modell

Schauspieler Luca Maurizio Wefes

Besetzung Uraufführung 2021 in Berlin:

Luca Maurizio Wefes (Edward)

Jonas Fässler (Rurik)

Maik Hahnenfeldt (Tiago)

Olaf Meier (Fridtjof)

Ralf Blank (Lars)

Beleuchtungs- und Bühnengestaltung:

Jakob Wilde

Fridtjof: Einmal Schauspieler haute artiste. Immer Schauspieler.